フィンランドのバルト海、オーランド諸島の水平線に浮かぶ島。真ん中に家が2軒、周縁に木を植え、庭の片隅に納屋と離れ……島全体がグランピングのお手本のよう。桟橋の先は一気に深くなる。この"楽園"は海底から聳える山のてっぺんにある。

はじめに

　「可笑しな家」とは、ヘンテコな家のことを指す言葉ではありません。夢と欲望を叶えたいと願うあまり、一風変わった住まいをここぞと思う風景のなかに作ってしまう……その純粋で一途なプロセスにこそ「可笑しさ」の本質が詰まっています。

　振り返れば、『可笑しな家』の第一弾が出版されたのはかれこれ10年前。当時は、都市のど真ん中に建てられたタイニーハウス（狭小住宅）が脚光を浴びたものですが、一方で大自然のなかに作られた小屋や、太陽光発電などのエネルギーを採り入れたエコハウスも世界各地にお目見えしました。

　それらに共通していたのは、都市や自然のなかにつつましく佇み、パーソナルな哲学やユニークなスタイルを主張しながら、丁寧に創りあげた独自の「顔」にほかなりません。どれも住み手の意思が色濃く反映され、ストレートな自信と余裕の表情が滲み出ていたように思います。

　個人の夢や欲望は、しばしば斬新で奇抜な家を創作するエネルギーや執念へと変換され、デザイナーやビルダーの力を借りながら、個性あふれる一つの建築となって誕生する。そして、生活を重ねるにつれ、都市や自然の風景の一部として徐々に馴染んでいきます。

　建て主は「建築家」そのものであり、たんなるオーナーにとどまらず、住み続けることで人々に愛され、街のなかに溶け込んでいきます。暮らしの継続性、すなわちサスティナビリティー（持続可能）こそが、建築がもつ真の役割であることを証明してくれるはずです。

　毎日たくさんの情報に接し、選択肢の多い現代では、一つのことをやり遂げることは至極面倒なことに思えるかもしれない。だがしかし、本書に載せた物件のように、「よくやるなぁ……」と呆れつつ、思わずクスッと笑ってしまう愛らしい家々を眺めるうち、妙にその家の成り立ちが気になり、暮らしている住人にも会ってみたくなる。そして、空間や経験こそが真の情報であることに気がつくことでしょう。

　本書では、世界に点在する愛嬌たっぷりの住みかを発掘し、誕生したばかりの夢を宿した"人間の巣"を50軒収録しました。それらに込められた、人間が本能的に求めているエッセンスに、思わず「いいね」とつぶやいてしまうでしょう。どれも夢と欲望の詰まったオモチャ箱……それを形にした人たちの「世にも可笑しな家ものがたり」をお愉しみください。

建築家　黒崎　敏

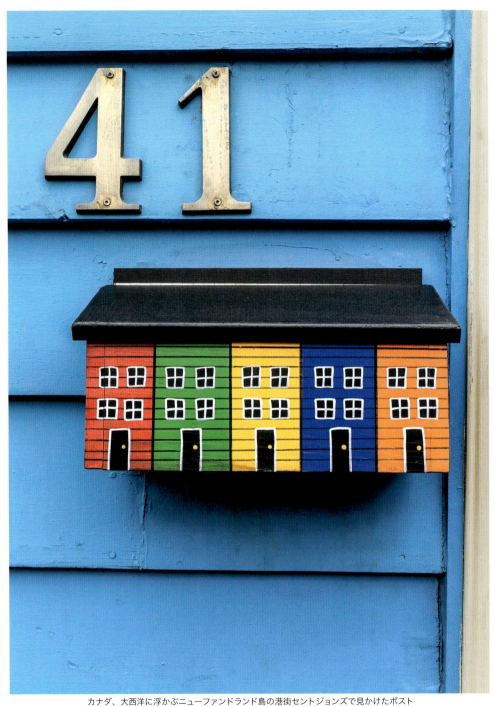

カナダ、大西洋に浮かぶニューファンドランド島の港街セントジョンズで見かけたポスト

CONTENTS

漁師の船屋（フランス）……p6
船底の家（イギリス）……p8
船体の家（フランス）……p9
ブーツハウス（インド）……p10
妖しの館（ベトナム）……p12
島の食堂（タンザニア）……p16
仮面の家（スペイン）……p20
世界最狭の家（ポーランド）……p26
からくり部屋（香港）……p30
川に浮かぶ家（セルビア）……p32
悪夢の家（イギリス）……p36
島の一軒家（アイスランド）……p38
ハウスサウルス（アメリカ）……p40
父のバスケット（アメリカ）……p42
ピアノハウス（中国）……p44
花盛りのパブ（イギリス）……p46
天の宿（ペルー）……p48
歪みの館（ポーランド）……p52
カモメの卵（イギリス）……p54
草のテント（スウェーデン）……p60
マンガの館（ドイツ）……p62
楽器の館（ドイツ）……p63
見晴らし邸（チェコ共和国）……p64
羊の牧場（ノルウェー）……p68
山羊の牧場（アメリカ）……p70

鮫が飛来した家（イギリス）……p72
ホタテ貝の館（イギリス）……p74
フクロウ荘（フランス）……p78
雲の家（フランス）……p82
バッタの巣（フランス）……p86
プリズム・パレス（フランス）……p90
住箱（日本）……p94
お伽の国の鏡箱（スウェーデン）……p98
岩に登った家（イタリア）……p104
トラックに登った家（オーストラリア）……p105
天空殿（中国）……p106
イギリス小屋大賞（イギリス）……p108
崖吊り荘（オーストラリア）……p114
ビール缶の家（オーストラリア）……p116
スライディング・ハウス（イギリス）……p120
滑り台の家（イギリス）……p122
ソーラーハウス（フランス）……p124
逆立ちハウス（モロッコ、オーストリア）…p126
ボルダリング・ハウス（ブラジル）……p128
壁絵の家（ポーランド）……p132
ダルメシアン邸（イギリス）……p134
走る家（アメリカ）……p136
歩く家（中国）……p138

漁師の船屋
Fisherman's house
フランス、ソンム県

イギリス海峡から北海に面した地域では、廃船を用いた家が作られていた。
これはフランス北部のソンム湾の浜に建造された1900年頃の漁師の家だ。
古い漁船を陸に上げ、船首を漁網と布で覆い、船腹に玄関を設けている。

屋根から突き出たストーブの煙突が生活感を漂わせ、船尾の舵が往事の漁を偲ばせる。玄関の表札には「貧しきTOTOの家」とウィットに富んだ文が書かれ……漁師と3人の子どもが並んだ微笑ましいシーンである。

船底の家
Fishing Boat House
イギリス、ケント州

ドーバー海峡に面したセント・マーガレット湾の"白い崖"の下に、船底を屋根にした伝統的な家が保存されている。イギリスや北欧沿岸ではバイキング時代の名残りと思われる家が受け継がれてきた。船底を屋根にするというのは、水漏れしないから雨も漏らないという発想から生まれた。これほど分かりやすいリサイクルもない。かつては漁師たちが暮らしたが、後には船具の倉庫として使われた。

船体の家
Ship House
フランス、エトルタ

　フランスの文豪モーパッサンは 1883 年、33 歳のとき長編小説『女の一生』が
ベストセラーとなり、故郷ノルマンディのセーヌ湾に面したエトルタに別荘を構
えた。その庭に廃船を利用して離れを作り、召使いの部屋とシャワー室を設けた。
船体の上に葺いた屋根はやはり船底のようで、真ん中に玄関を取り付けている。
そして舳先のフィギュア・ヘッドには、マリア像が飾ってある。

ブーツハウス
Boots House
インド、ムンバイ

インド西海岸の都市ムンバイ（旧ボンベイ）に残るブーツハウスは、英語圏に点在する「靴の家」の元祖といえよう。1952年、英国の古い童謡マザー・グースの歌『靴の家に住むお婆さん』に因んでカマラ・ネルー公園に作られた大きな靴は、イギリス統治の名残だ。公園名はガンディーとともにインド独立運動の指導者だった初代首相ネルーの妻の名から付けられた。

右の写真は当時のものだが、テラスに登った少年はネルー首相のトレードマークである帽子をかぶっている。以後、何度も塗装を塗り替えられ、65年以上も履きつづけられている。子供専用の遊具なのだが、大人も列に並んで潜り込み、しばしばブーツ内が満杯となり身動きがとれなくなる。

アメリカのニューヨーク州に誕生したテーマパーク「Storytown USA」でもブーツハウスは大人気に（1955年）

妖しの館
Crazy House
ベトナム、ダラット

ベトナム南部の高原避暑地ダラットに、ひときわ目を引く奇想天外な館がある。通称「クレイジー・ハウス」は1990年に工事着工以来、あまりに異様な景観が目立ちすぎ、当初は地元の反発もあったが、今では観光名所となっている。

この型破りな建築物の正式名称は「ハン・ガー・ゲストハウス」というホテル。設計したのはダン・ヴィエト・ガーという女性建築家である。彼女はベトナムの初代国家元首ともいえる政治家の令嬢で、モスクワ大学で建築学の博士号を取得している。1983年にダラットに移住して数軒の家を設計したが、自分の夢を託した"お城"を築くため、個人プロジェクトでこの館の建設に着手した。

いわゆる設計図というものはない。彼女はイラストで完成画を描き、地元の職人たちにそれをなぞるように作らせた。建物全体のデザインには自然界のさまざまな物が取り込まれている。洞窟や大木、植物の蔓をモチーフに、キリンの首や象の鼻、キノコ、クモの巣などの造形があちこちに散りばめてある。「人間は自然を破壊するばかりでなく、自然に回帰すべきだ」というメッセージをこめて。

バンヤンの木を模した5階建て級のゲストハウスには、蜂の巣状の窓がランダムに開けられている

当初は「クレイジー・ハウス」と呼ばれて嘲笑された。お役所からも、行き当たりばったりの工事、美観を損ねる忌まわしい館として反対された。ところが、しだいに評判を呼んで訪問者が増えると、2008年には省の人民委員会から「芸術品」として承認された。

「妖しの館」はまだ未完成だ。1990年の着工以来、延々と工事は続けられ、2020年完成をめざしている。工期は30年に及ぶが、女性建築家はスペインの建築家ガウディの「サグラダ・ファミリア」と、ベトナムの自然からインスピレーションを得たという。

入場料4万ベトナムドン（約220円）でたっぷり不思議の館をさまよえる。ホテルは1泊25ドル

島の食堂
The Rock Restaurant
アフリカ、タンザニア

インド洋に浮かぶザンジバル島のビーチに可愛い家をのせた岩礁がある。青い珊瑚礁の海に作られた一軒屋は、その名も「ザ・ロック」。爽やかな汐風に吹かれ、ワイン片手に海の幸が味わえる隠れ家的レストランだ。

満潮時は舟で渡り、干潮時には陸とつながる砂浜を歩いて渡る。赤いマサイ族の衣装をまとった店員に迎えられ、桟橋の階段を登って店内に入ると40ほどの席がある。目の前に広がる海で獲れたばかりの魚やエビ、ロブスターなどのシーフード料理を楽しめる。看板メニューは「The Rock Special」という海鮮グリルの盛り合わせだとか。

海を眺めながらという人にはテラス席も。干潮の時に食事してくつろいでいるうち、気がついたら周りが海に囲まれていたという不思議な体験も味わえる。島の西岸には世界遺産「ストーン・タウン」(石の街並) もあるので、"一生に一度は行ってみたい料理店"まで足を延ばす観光客もいる。

「The Rock Special」(中央) を運んできたウェイターが、ラムベースのカクテル「The Rock」も召し上がれと勧める

行きは歩いて、帰りは舟に揺られて……

仮面の家
Casa Del Acantilado
スペイン、グラナダ

ここはグラナダ地方のサロブレーニャ、地中海を眼下に見下ろす崖の斜面に、不気味な家がへばりついている。怪しい仮面のような表情をしているが、内部には洒落た装いのインテリアが垣間見え、そのコントラストが面白い。

崖の上で不敵な笑いを浮べる怪人のようだ。アニメ映画にでも出てきそうなこの家は、マドリードの建築事務所「GilBartolomé」で設計された（2015年）。波打つ屋根はドラゴンの鱗をイメージして亜鉛のタイルを張り、大胆な窓のカットで目・鼻・口を表現している。

バルコニーからプールと地中海

42度の傾斜した丘の中に建物が埋め込まれることで断熱効果が生まれ、室温を20℃にキープすることができる。また、傾斜地を利用したスキップフロアを採用することで天井高にもリズムが生まれ、スペースに連続性が生まれている。

2階は居心地のよさそうな生活空間、1階は洞窟を想わす広い空間……

世界最狭の家
The Narrowest Building
ポーランド、ワルシャワ

ワルシャワの街に、マンションに挟まれた家がある。一見、細くて高い（9m）から「ペンシル・ハウス」と呼ばれているが、奥行きが10mもある平べったい建物だ。しかも幅が狭く、最も広いところ（トイレ）で122cm、いちばん狭い所は72cmしかない世界最狭の住居なのだ。

この傑作を設計したのは地元の建築家J・スチェスニー氏。まずアルミとプラスチック材で直角三角形の骨組みを作り、それをマンションの隙間（すきま）にそおっと差し込んだ。それから本格的な建設と内装に取りかかった（2012年）。

裏通りにある入口から隙間に入ると、青い照明に浮かぶ階段が迎えてくれる。ハッチのようなドアを押し上げて入った室内は、白一色のインテリア。壁のコート掛けだけがカラフルだ。1階はキッチンとバス・トイレ、2階の書斎と寝室へは壁の梯子を登って入る。

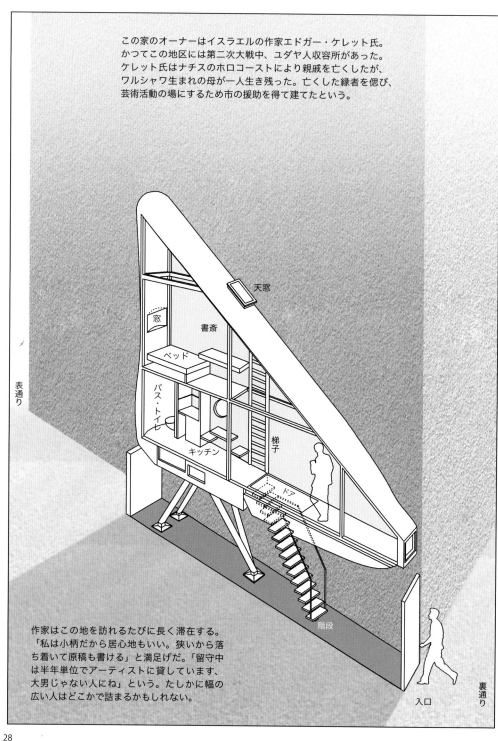

梯子を登り書斎と寝室へ。
窓からは表通りが見える

からくり部屋
Magical Room
香港市内

ハンモックに揺られてく
つろぐ建築家チャン氏

超過密都市・香港の居住空間はどんどん上へ伸び、高層マンションの背比べは雲に届きそうだ。そんな香港に住む建築家ゲイリー・チャン氏は考えた、「狭い我が家をいかに広く活用するか？」と。マンションの5階に住む彼は、32㎡の狭いワンルームに30年暮らしてきたが、生活を一変させる画期的なアイデアを考案した（2010年）。

壁面に本がすべて収納できるため、可動机は整理整頓されて仕事もはかどりそうだ

棚をプルダウンすると調理台に。
さて、今日は何をつくろうか？

　限られた空間の壁面側に収納ユニットを設け、生活に必要な機能がすべて盛り込まれている。それらにスライドレールを取り付け、ベッドやキッチンなどの生活具をすべて可動式にした。そして発明家のようなアイデアと建築家の技で、ワンルームを変幻自在な"からくり部屋"に変身させたのだ。その見事な様変りはマジック・ショーでも見るようだ。かくして建築家は生活のオン・オフの切り替えをスムースに行い、小さな空間を最大限に使いこなしている。チャン氏はこのからくりを広めるため、ネット（YouTube）で公開している。

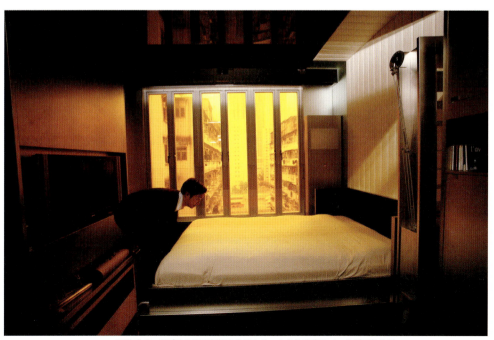

可動式ベッドがそのまま収納できるため、かなりの省スペースが見込める

川に浮かぶ家
The River House
セルビア、ドリナ川

セルビアとボスニア・ヘルツェゴビナの国境を流れるドリナ川、その真ん中の岩にこんな一軒家が建っている。この川は黒海に注ぐ大河ドナウ川の上流水系で、セルビア西部を流れている。この小屋が作られたのは1968年、地元の少年たちが川中に浮かぶ岩を眺めていて、「あの上に基地を作ろうよ」と思いついた。

川の真ん中の大工仕事は大変だったが、この面白いプランに賛同した仲間や有志が集い、上流から材木を流したり、カヤックで資材や道具を運んだりして、みごと川中島に"築城"した。以後50年、増水で家が流されてもすぐに建て直し、今も健在！それは洪水を想定して作ったセメント製の土台のおかげだ。

ボートで上陸するしかない基地は川遊びや日光浴、釣りの名所だったが、やがてカヤックのメッカとなる。2000年から観光局主催のイベントも行われたが、規模が大きくなりすぎたので7年で中止、今は昔の静けさを取り戻している

ボートを接岸する桟橋。小屋へは折り畳み式の階段で上がり、不在時にはワイヤーでステップを持ち上げる

水かさの増したドリナ川。やがてドナウ川につながり、東欧のルーマニアとブルガリア国境を流れて黒海へと注ぐ

悪夢の家
Bad Dream House
イギリス、オックスフォード

ロンドンの西方、テムズ川上流の古都オックスフォードのアルビオン公園の森に、こんな幾何学的な家が作られた。建築家ヴィト・アコンシの作品（1984年）だが、3つの小屋を組み合せた彫刻のようなアートハウスだ。上に乗った逆さまの「青の間」だけが水平な床をもち、いかにも変な夢を見そうな家である。

島の一軒家
Sudurey Island
アイスランド、ウェストマン諸島

北大西洋にばらまかれたウェストマン諸島。無人島が点在するなか、緑の絨毯が敷かれたようなサダレイ島に、ぽつんと別荘が……。こんな絶壁に囲まれた島にどうやって上陸するの？ とよく見れば、左上の斜面に道がのびている。島の裏側へ回り込めば、船が接岸できるビーチがあるようだ。かつては海鳥を獲っていたらしく、一帯の島には「海のピエロ」と呼ばれるパフィンも生息している。

ハウサウルス
Housesaurus
アメリカ、アイダホ州

アイダホ州の中央に位置するリゾート地サン・ヴァレー。その郊外に恐竜の化石をかたどったような奇妙な家がある。これを設計した建築家バート・プリンスは、東京の帝国ホテル旧本館（1923年）を設計したフランク・ロイド・ライトの孫弟子にあたり、ロサンゼルス群立美術館の日本館も設計している。

建て主のヘンリー・ホワイティングと妻のリンは、アイダホ州で唯一のフランク・ロイド・ライトが設計した家の所有者であり、なんとこの奇抜な家は建売住宅として作った家である。

天井の四角いトップライトがうろこ状にうねりながら連続している外観は、さながら恐竜のようだ。たっぷりの自然光に満たされた室内空間は有機的なカーブを描き、連続する垂木が独特のリズムを刻んでいる。

父のバスケット
Basket Dream
アメリカ、オハイオ州

ニューアーク市の街なかにでんと置かれた巨大バスケットは、日用品の製造メーカー、ロンガバーガー社の本社ビル。この破天荒な姿をした7階建てのノベルティ建築は、地元のランドマークとなっている。

感謝祭でいろんなデザインのバスケットを展示即売（2007年）

創業者デイヴ・ロンガバーガーは28歳で起業し、飲食店や雑貨屋の経営に乗りだした。1970年、バスケットが流行る兆しを見てとると、腕のいいバスケット職人だった父親の作品を売り出した。すると、たちまち完売して注文が殺到！　父が丹念に手作りしたバスケットは"百年もつお洒落グッズ"として女性たちの人気ブランドとなった。

父の死から20年経った1995年（61歳）、デイヴは敬愛してやまない父に感謝の意を込め、目玉商品のカエデ製バスケットを模した本社の建設に取りかかった。2年がかりで仕上がった特大バスケットは、取っ手の重さだけで150トンもあるという。

デイヴは全社屋をバスケット型にするつもりだったが、没後、後を継いだ娘二人の「あんな大きなバスケットがあるんだから……」という声もあり、父の夢は叶わなかった。しかし、祖父の職人ワザは今日まで受け継がれ、100年間作り方が変わってないといわれる。

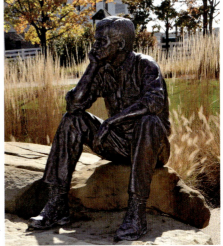

父のバスケットを見上げる創業者
デイヴ・ロンガバーガーの像

ピアノハウス
Piano House
中国、安徽省

中国の中央部に位置する淮南市に、心弾むような展示ホールがある。「ピアノハウス」と呼ばれる奇抜な建造物は2007年、市の発展を祈念して合肥工業大学によって設計された。50倍のスケールで作られたグランドピアノの大ホール、それに立て掛けたようなスケルトンのバイオリンが玄関となっている。この"巨人の楽器"が誕生したとき、建築家やデザイナーたちは驚き、呆れ、なかには畏敬と嫉妬の念を覚えたプロもいたという……。淮南市では奇抜なデザインの建築が流行っているらしく、卓球ラケット型の高さ約150mのホテルもオリンピック公園にできそうだ。

ピアノ内にはイベントホールや会議室、結婚式場もある。観光の人気スポットにもなっているが、ピアノの床下が意外な使われ方をしていて面白い。日射しの暑いシーズンには、日陰と涼風を求めて観光客だけでなく地元の人が昼寝にやってくる。もちろん雨宿りの場にもなっている

結婚式を挙げたカップルのほとんどが、バイオリンの前で記念撮影をするという。夜になれば、ピアノとバイオリンの輪郭が光って闇のなかに美しく浮かび、中国で最もロマンチックな館に変身する。

花盛りのパブ
Churchill Arms
イギリス、ロンドン

ハイド・パークの西側、ケンジントン通りに1750年創業の老舗のパブがある。外壁を覆う花飾り、英国首相ウィンストン・チャーチル（1874〜1965）が看板の中からVサインを送っている。店名「Churchill Arms」は、チャーチルの祖父母がよく通っていたことに由来し、今なお多くのロンドン子に愛されているパブである。

店内の壁はチャーチル首相のコレクションで埋め尽くされている

オーナーのオブライエン氏は30年以上、夏季の2週間は日に2回花に水を与える壁の庭師となり、クリスマスには夥しい電球を盛りつける電飾師となる

垂直の森
Bosco Verticale
イタリア、ミラノ

ミラノの再開発地に現れた高さ111mの垂直森林（Bosco Verticale）。約550本の木が植林され、マンションを幹に空高く伸びる。樹木は自然のエアコンとなり、騒音も軽減してくれる。園芸家、植物学者の指導を受けながら風洞実験をくり返し、木が風に飛ばされないデザインが生まれた（2014年竣工）。

天の宿
Skylodge
ペルー、クスコ

世界遺産マチュピチュの下を流れるウルバンバ川を遡れば、インカ帝国の都クスコに達する。そのウルバンバ渓谷は13世紀〜15世紀のインカの遺跡が点在するので「聖なる谷」と呼ばれる。この谷にそそり立つ絶壁に、鳥の巣のようなカプセルが3つぶら下がっている。

青空に浮かぶ天空ホテル……120mの崖を自力でよじ登った者だけが泊まれる山小屋だ。イタリア発祥の山岳スポーツ「ヴィア・フェラータ」は、断崖に固定されたワイヤーやロープをたよりにクサリ場ルートを垂直に登っていく。下りは、ジップラインにぶら下がって速やかに降下してくる。

こちら側は洗面トイレ

山頂ホテルは、八角形をしたスケルトン状の外壁。天井のハッチから出入りする。室内はカーテンで3室に仕切られ、真ん中がリビング、両端にベッドルームと洗面トイレを配している。標高3000mの絶壁にこんなラグジュアリーな空間……その名も「スカイロッジ・アドベンチャー・スイート」。空中都市マチュピチュを見物したあとは、空中ホテルで一泊、というプランもありそうだが……。

ゆったりしたダブルベッドから180度の展望と、天と地の景観がいやでも目に入る。カプセルは柔らかいポリカーボネート製だから、鳥がぶつかっても平気だとか

食事はガイドが用意してくれる。屋根の上のテラスに食卓をつくり、「さあ、絶景ご飯を召し上がれ！」

歪みの館
The Crooked House
ポーランド、ソポト

バルト海に面した観光地ソポトの街に建てられた「Krzywy Domek（ぐにゃぐにゃ館）」は、お伽話の世界に迷い込んだような佇まいだ。カフェやレストランもある4階建てショッピングモールは、ポーランドの画家ヤン・シャンツェルの絵から想起したという。夕暮れからファンタジックな様相に彩られる。

カモメの卵
Egg Houseboat

イギリス、ハンプシャー州

イギリス海峡に面したサウサンプトンの近郊、ボーリュー川の河口に大きな「卵の家」が生み落とされた。アーティストのスティーブ・ターナー氏が仕事場を兼ねた住みかにしたハウスボートだ。彼はこの卵で1年間暮らしながら、海辺の生物の生態記を描くことにした。

なぜこんな形にしたのか？　ある日、ターナー氏は水辺の研究仲間とこの地域を調査していて、草むらにカモメの卵を見つけた。「こんなアトリエがほしいね」というと、仲間の建築家ものってきて、「卵は自然界の象徴だし、造形美の原点だ」と、リサイクル資材を用いた球体の家の設計にとりかかった。

さらに船大工やエンジニアたちも話を聞きつけ、スタッフに加わった。卵の底はヨットの船体のように作り、外板は断熱材を挟んでシーダー材を斜めに張り、2つの半球を合体。天井には開閉式の丸い天窓を、両サイドにハッチを取り付けた。かくして潮の干満で浮いたり座礁したりする水陸両用の「カモメの卵」が誕生した。

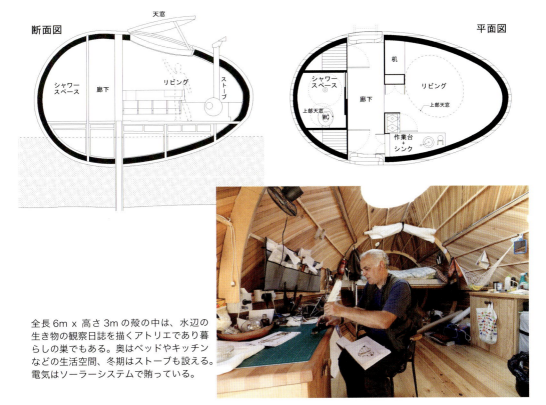

全長6m x 高さ3mの殻の中は、水辺の生き物の観察日誌を描くアトリエであり暮らしの巣でもある。奥はベッドやキッチンなどの生活空間、冬期はストーブも設える。電気はソーラーシステムで賄っている。

「カモメの卵」はゴムボートに曳かれて運ばれ、繋留される。エクスベリー・ガーデンの近くに浮かんでいた時は「Exbury Egg」と呼ばれて親しまれた。

干潮時には入江の底に"コロンブスの卵"のように立つ。自然に溶け込み、生き物を肌で感じるターナー氏の水上基地は、新しい住まいのデザインとライフスタイルを提示してくれている。

草のテント
Grass Tent "Kota"
スウェーデン、ヴェステルボッテン県

ラップランドに伝わる草のテント。先住民族のサーミ人がトナカイの放牧やマス釣りで使っていた「コタ（Kota）」と呼ばれる伝統的な小屋だ。遊牧などで場所を移るときは解体して運ぶので、モンゴルのゲルと同じくモバイルハウスの元祖といえよう。

壁に植えた防寒用の芝を木材で押さえて、丸いテント状の家を組んでいる。天井にかぶせた天板へは木の階段を伝って登れ、子供たちにとっては楽しい屋上となる。森の妖精も遊びにきそうな佇まいだ。

マンガの館
Happy Rizzi House
ドイツ、ブランズウィック

ドイツ中部の歴史ある街ブランズウィックに建ち並ぶ「ハッピー・リッツィ・ハウス」は、絵の生みの親であるN.Y.のポップアーティスト、ジェームス・リッツィにちなんで名付けられた。建築家コンラッド・クロスターによって街の活性化を計って建設されたが、マンガのおかげでハッピーなオフィス街に大変身！「笑う街並」を行き交うビジネスマンの表情も和み、次なるプラン「リッツィ博物館」も建ち上がりそうな勢いだ。

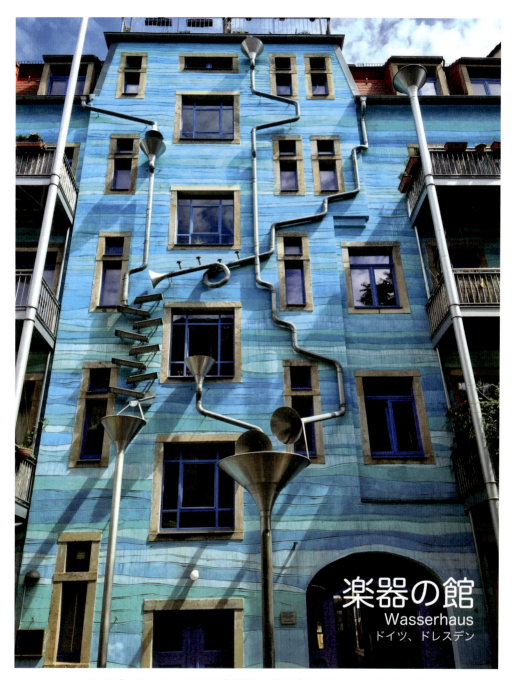

楽器の館
Wasserhaus
ドイツ、ドレスデン

ドレスデンのアーティストたちが運営する芸術村「クンストホーフ・パッサージュ」、歩けば心の浮き立つ空間だ。ひときわ目を引くのが、コバルトブルーの壁面に管楽器をかたどった雨樋を這わせた「楽器館アパート」。ラッパをつないだ雨樋で、アパート全体をアート作品にしているのが心憎い。しかも、定期的に水を流すという仕掛けも遊び心満点！ 雨音がメロディを奏でそうだ。

見晴らし邸
Lhota's house
チェコ共和国、ヴェルケーハムリ

ここはプラハの北東 100km にある山間の町ヴェルケーハムリ。建築家ボウミル・ルホタさん（1939年生まれ）は、ずっとこの小丘陵で暮らしている。自作の家から離れられないのだ。ルホタ氏は 42 歳の時、世界に類のない奇想建築を思いつくと、さっそく建設に取り掛かった。町を見下ろす自邸の斜面を利用して、地中にすっぽり埋まるトーチカのような不思議な家に挑戦した……。以来、試行錯誤を重ねながら 20 年の歳月が流れ、完成を見たのは 63 歳の時だった。

ルホタ邸は、もぐらのように地中に潜り、ときどき頭を出したり引っ込めたり。ときに、「首」をグルリと回して辺りの様子を見たりもする。「なぜこんな家を？」と尋ねられると、老建築家は笑って、「灯台みたいな家が町にあってもいいんじゃないかな」と自慢の住まいにご満悦で、日々、メンテナンスに余念がない。

ルホタさんがくつろぐ階上の円形リビング。書斎であり、自宅カフェであり、シャワー室もあり、町を見下ろす展望台でもある。中央を貫く奇妙な円柱が発明のミソ。仕掛けはすべて、この床下にある。次ページをご覧ください。

下層レベルには小さな円形プールまであり、ソーラーパネルにより温水の使用が可能

ハウス全体を浮き沈みさせる仕掛け。パノラマ展望を楽しむときは回転させる。鉄骨で吊られた螺旋階段が大きなハンドル代わりとなり、人力で押し回すと中央のシリンダーが上下する仕組み。丘の茂みに隠れていた建物が、タケノコのように顔を出していくさまが分かるだろう（右ページ）。操作するルホタさんの姿は、メリーゴーランドを手で動かしているようで微笑ましい。

高さだけでなく、太陽の向きに合わせて家の向きを変えられ、地面が断熱材になっているから居住性も極めて高く、優れたパッシブ省エネ住宅といえる

羊の牧場
Sheeps-roof
ノルウェー、ロフォーテン諸島

ここは北極圏の海に浮かぶロフォーテン諸島。屋根に植えられた牧草を、羊の親子がのどかに食んでいる。この屋根は羊飼いのいらない牧場だが、あるいはオオカミから羊を守る苦肉の策かも？ 羊たちは軽やかにぴょんぴょん跳ねているが、カモシカと同科だから心配無用だ。

山羊の牧場
Goats-roof
アメリカ、ウィスコンシン州

ミシガン湖を見下ろす「牧場」は3棟つないでいるから意外に広い。ヤギたちはその上を自由に駆け回り、屋根のてっぺんの"平地"で眠る

五大湖の一つ、ミシガン湖に突き出た半島の先に、屋根の上でヤギ（山羊）を飼っているスウェーデン料理店がある。屋根に敷きつめた緑の草は、もちろんヤギの餌だ。北欧伝統の"お家芸"をこの地に持ち込んだ創業者アル・ジョンソン（1925年生まれ）は、美味しいスウェーデン・パンケーキとミートボールを売りに開店したが、やがて屋根にヤギを放牧するという看板を思いついた。

現在の家屋は1973年に北欧から木材を取り寄せて造ったログハウス。レストラン＆ブティック「アル・ジョンソンズ」は約60年もの間、ヤギを背負って頑張っている。ただし、屋根に雪が降り積もる季節はその姿は見られない。

鮫が飛来した家
Shark House
イギリス、オックスフォード

ヘディントンの閑静な住宅街……なぜかサメが民家の屋根に突き刺さっている！ 海から飛んできたわけではない。このサメはファイバーグラスで作られた体長7.6mのレプリカだ。原爆に見立てた人喰い鮫は、1986年、長崎の41回目の原爆記念日に合わせて作者の家に飛来したという。

ホタテ貝の館
Shell Cottage
イギリス、ウェールズ

ウェールズの西部、フレッシュウォーター・ビーチに建てられた「貝殻の家」。『ハリー・ポッターと死の秘宝』の映画セットで建てられたユーモラスな装いの館である。角を生やし、鱗に覆われた甲虫みたいだが、屋根全体がホタテ貝の瓦で葺かれている。こんな夢の舞台がウェールズの海岸に作られたと知ったポッターファンは、こぞって現場に押し掛けたようだが、"魔法の館"はカニのように横這いして(?)海の彼方へ消えていた……。

「板葺き」ならぬ「ホタテ貝葺き」の屋根は大きさの異なる貝殻がきれいに並び、浜に打ち寄せる波模様のようだ。そして入母屋造りのホームベース型の窓がシンメトリーに配置され、内側には菱形格子の建具がはめ込まれている。目の前にはセントジョージ海峡が広がり、海の彼方はアイルランドだ。

フクロウ荘
Les Guetteurs
フランス、ボルドー

「Zebra3」はフランス南西部のボルドーを拠点に活躍しているアート集団である (1993年設立)。ビスケー湾に注ぐガロンヌ河畔に工房を持ち、現代アートのデザイナーとのコラボで斬新な創作活動を行っている。建築の分野でも豊かな発想でユニークなタイニーハウスを次々に発表している。以下、市の東西南北に置かれた4軒を紹介しよう。

ワインの街として栄えたボルドー北方の葡萄畑に3羽のフクロウが舞い降りた……。「見張り番(Guetteur)」と名付けた愛らしいフクロウが葡萄の守り神のように畑の真ん中で三方を見張っている。
(2012年 design：Candice Petrillo/Zebra3)

ガロンヌ川の畔では桟橋を見張っている。この森に棲むフクロウがモデルだ。コンセプトは「自然を失った街に , 森の精を呼び戻す」。夜の帳が下りると、夜行性の目に灯りが点る。どこへでも飛んで行くモバイルハウスは、別荘としても、書斎やオフィスにも使える。収容人数は 6 人（ダブルベッド 3 台）。

「目」から外を覗くと、川へ延びる桟橋。3羽のフクロウは背中でつながっている。
外壁は羽を模した美しい板張り、室内の複雑な壁面は幾何学模様で装飾してある

大きなフクロウの頭部(ロフト)に敷かれた円形ベッド　　　天井の高い小さなフクロウのダブルベッドに寝転んで……

雲の家
Le Nuage
フランス、ボルドー

　「雲（Nuage）」と名付けられた小屋が市の東部、エルミタージュ公園の池の畔にふわりと浮かんでいる。真っ白い愛らしい雲は、災害時のシェルターにもなるとして考案されたが、「万一の時は、あの雲に乗って逃げられる」という新たな都市伝説まで生まれたとか。(2010年 design：Candice Petrillo/Zebra3)

工房で骨組みから装飾まですべて仕上げてトラックで搬送する

夏空に浮かぶ入道雲をかたどり、窓をすべて斜めにカットしているのが面白い。デザイナーはいう、「少年時代の楽しかったキャンプの思い出を形にしてみた」と。たしかにカエルの歌を聴きながら眠りにつき、鳥の声で目覚める森のロッジもいいが、あえて街のなかに置きたい思いにも駆られる。前ページのように、クレーンで宙に吊り上げた"雲"を、ビルの屋上に据えてみたい。

絵本に出てきそうなこの小屋が、ボルドー市中で展開された「ゼブラ3」によるモバイルハウスの第1号となった。市内で散歩を楽しむハイカーの休憩所となり、自然を体感できる街なかの山小屋ともなる。室内は意外に広く、7人まで宿泊できる。
（ダブルベッド3台＋シングルベッド1台）。

ベッドマットが敷き詰められた空間は、どこでも寝ることができるフレキシブルなワンルーム。平行四辺形の窓からは、寝転がりながら湖や森の眺めを堪能できる。

バッタの巣
Le Hamac
フランス、ボルドー

街の南部にあるマンダヴィ公園、芝生に巨大なバッタがうずくまっているようだ。胴体中央にあるドアを開けると、黄色い頭部には階段状に3段ベッドが設えてある。両サイドに目・鼻・耳をかたどった三角窓が開けられ、子供連れのファミリー6人が楽に泊まれるという。(2012年 design：Yvan Detraz/Bruit du frigo)

後方は虫かごのようにネットが張られ、「ハンモック」の名称どおり外気に触れて心地いい空間。風に吹かれて昼寝をしたり、夜は寝そべって星空を眺めるのもいい。

虫かごには3種のネットが張られている。床には弾力のある軟らかいネットが張られているから、子供にとっては跳ねたり寝転んだりの遊具。天井にぶら下がれば、動物園の手長ザルのごとく戯れる……。

前部は寝室、後部はハンモックという、2つの「眠りの空間」を結合し、中央を幕で仕切っている。アウトドアの象徴であるバッタをかたどった愛嬌のあるデザイン。たんなる遊具にしておくのは勿体ない。景色のいい海辺や高原に放てば、ファミリーでより楽しめるバッタになりそうだ。

プリズム・パレス
Le Prisme
フランス、ボルドー

街の北方、ブランシュ湖に突き出た細い岬の突端に、光のアーティストが考案した「プリズム」が建てられた。その形状はピラミッドとスフィンクスを合体させている。
(2016年 design：Lou Andrea Lassalle)

湖面にのり出したピラミッドは、両脇にスフィンクスを模した2体の像を従えている。その頭部には灯台のような明かりを点す天窓をのせている。

ブランシュ湖はしばしば霧のベールに覆われる。そのなかに「光の宮殿」が浮かぶと神秘のシーンに……。ルーヴル美術館の中庭に作られたガラスのピラミッドを意識したものだろう。

夜になれば、ステンドグラスと葉脈状のフレームを組み合せた"プリズム"から漏れる明かりが、不思議な造形を浮き立たせる。

スフィンクスの体内のベッドで計8人が泊まれる

住箱 JYUBAKO
隈研吾建築都市設計事務所
制作：スノーピーク

世界的な建築家、隈 研吾氏とスノーピーク社のコラボで生まれた「住箱」は、気に入った場所に自由に運べる日本の新しいモバイルハウスである。隈さんはいう、「トレーラーハウスを木でつくることで、住まいと自然との関係を、取り戻そうと思ったのです」と。その思いが、自然指向のライフスタイルをさまざまな形で表現できる"積み木の箱"に詰まっている。

高さの違う3つの窓が外の風景とつながり、自然を肌で感じる

　「移動する家」ということで、軽さと強さを出すためにヒノキの合板が採用されている。そして形状の違う３つの窓が、外の風景を額縁のように切り取り、高さが異なる縁台によって茶室ほどの空間と自然をつないでいる。

　よく見ると、パネルの形がまちまちだ。その組み合せの妙から住む箱が生まれた。いろんな利用法を連想させ、「好きなようにお使いください」といっているようだ。その木目のカンバスに、なにか楽しい絵や文字を描いてみたくなる……。

窓と入口を閉じれば木箱に一変。パネルの開閉による表情の違いが面白い

箱の長さは約6m、幅は約2.4m。街なかの空き地に連れて行けるのも、モバイルハウスの特権だろう。木の素材に包まれたカフェやバー、パン屋さん……あるいは"住む箱"にするなら、キッチンやベッドを設えるもよし。書斎やアトリエ、子供部屋にしたりと、いろんな遊びの空間が作れそうだ。

低い窓を開けばデッキになり、2人乗っても大丈夫。
地面から80cmほどの高さも縁側のようで心地いい

「旅する家」のコンセプトは、自然に触れて、人間らしさを取り戻すこと。「日本人の家って、本来こういうものだったんじゃないか」と隈さんがいうように、いずれ各地に住みついた箱が"日本人の巣"になれば……と想像すれば楽しくなる。

snow peak glamping 京急観音崎

お伽の国の鏡箱
Mirror-Cube
スウェーデン ラップランド

スカンジナビア半島北部の森には妖精とサンタクロースが棲んでいるという。そんな森林に包まれたハラッズ村に「世界で最も奇妙なホテル」といわれるロッジがある。一見、木に鏡のカンバスを掛けたようなシーンだ。

スウェーデンで最もユニークなアートホテルとして受賞歴もある「TreeHotel」は、森のなかに UFO や鳥の巣をかたどった奇想天外なホテルを次々に作り評判を呼んでいる。その期待に応えて、新たに打ち出したのがこの風変わりな"透明ハウス"だ。

杉林に架けられたアプローチ・ブリッジの先に"ミラーキューブ"がふわりと浮かんでいる。立方体の表面はすべて鏡張りだ（なんと床下まで！）。周りの樹木が壁に映り、ハウスがそっくり森に溶け込み、「あれ？ 消えちゃった！」と魔法をかけられた気分になる。

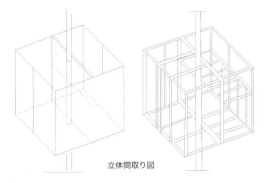

立体間取り図

形状はサイコロのような立方体──軽量アルミニウムの箱（4m×4m×4m）を木に吊り下げた２人用のツリーホテルである。

設備は万全だ。大きなダブルベッド、小さな簡易キッチンとバス、リビングルーム、そして気持ちよさそうな屋上テラスまで設えてある。

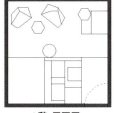
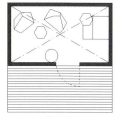

1階 平面図　　　2階 平面図

外壁はすべてハーフミラー・ガラスで覆われているが、ご近所に棲む鳥たちへの配慮も忘れていない。野鳥が反射ガラスに衝突するのを防ぐため、鳥の目に見える透明な紫外線色ガラス板を使用し、エコツーリズムを貫いている。

部屋の中心を杉の木が貫き、吹抜けの2層構造。インテリアはすべて合板でできており、ハーフミラー・ガラスにより外部からの視線を遮りつつ、4面の壁に2つずつ開けられ窓からは四方の景色を見渡せる。日が暮れると、室内に点されたオレンジ色の灯りが森の闇に浮きあがる。

ゆったりしたダブルベッドは子供連れのファミリーでも泊まれそうだ。枕のそばの窓から寝ながらにして森の風景も楽しめる。そして梯子で2階へ登れば、屋上テラスへ出られる。

森を歩けばトナカイを見かけ、夜の散歩でオーロラと出合えることもある。大人も子供もお伽の国へ誘ってくれる「鏡の箱」

岩に登った家
Stone House
イタリア、南チロル

　イタリア北部とオーストリアにまたがるチロルは、アルプス山麓にある。そのウルテン渓谷に、岩によじ登った家が……。事情を知らない人は、「ロック・クライミングの好きな登山家のうちかな」と笑って通りすぎる。実はこの岩、1882年までは牧草地にあったが、嵐による大洪水で牧草地と家が流されてしまい、この家を背負った岩だけが奇跡的に残ったという。ランドマークとなったチロル風の岩小屋は、大事に保存されている。

トラックに登った家
Truck Bungalow
オーストラリア、メルローズ

オーストラリア南部、陸に深く切り込んだスペンサー湾の奥にこんな風変わりなバンガローがある。広大な大自然のなかにあるアウトドア志向のホテル「North Star Hotel」には、すべて形状の違う部屋が用意されている。なかでも目を引くこの宿は、トラックが2階建ての家を積んでいて、子ども連れのファミリーに人気のバンガローだ。

天空殿
Pent-house
中国、北京

海淀区の26階建て高層マンションの屋上にこんな御殿が作られた。所有者は模造の石を運び上げ、植物を植えて6年ががりで築城したが、近隣から「重すぎてビルがつぶれる！」と苦情が出た。「これは屋上庭園だ」と城主は抵抗したが、違法建築で撤去の命が下り、あえなく落城して取り壊された（2013年）。

★ *Shed of the year*
2012年 イギリス小屋大賞

イギリスで2007年から開催されている微笑ましい建築賞がある。「年間小屋大賞（Shed Of The Year）」。造園業のカプリノル社が主催し、イギリス各地の自慢の小屋が1000軒以上もブログにエントリーする。写真を気軽にサイトアップできるから応募者も多い。

一次審査は写真選考、候補作が絞られ、アマチュアの手で作られた優れた小屋に「大賞」が授与される。ジャンルは問わない。遊び小屋、書斎、趣味の小屋、パブ、隠れ家……と夢のある小屋なら何でもよし。"その年いちばん素敵な小屋"を作った受賞者には、名誉と直径1mもある王冠（写真右）が贈呈される。そういえば、あのコルビジェも小屋が大好きだった。

筏小屋（いかだ）
Water shed

ウェールズの港町アベルダビ、沖の波にぷかぷか浮かんでいる筏小屋……。デッキチェアで寛ぐジェフ・ヒル氏が、この筏を造船した棟梁にして船長。作った動機は、「なんだか急に、海の上でのんびり暮らしたくなったのさ」と申し分ないものだった (2012年度準優勝)。

ウッドヘンジ
Woodhenge Pub

2012年の大賞は、「ストーンヘンジ」にかけて「ウッドヘンジ」と称するパブ。イングランドの古都シュルーズベリーには中世の木造建築が600戸も残り、由緒あるパブも健在。そこへ新たなパブが誕生した！オーナーのプラムリッジ夫妻は、庭の隅に眠っていた納屋を5年がかりで改造し、みごとなガーデン・パブに甦らせた。

受賞後、夫妻は700種類のビールをそろえる自家パブで祝賀式典を催した。
「小屋は呑むだけの場ではない、新たなエネルギーを溜める場だ、乾杯！」

★ **Shed of the year**
2013年 イギリス小屋大賞

羊飼いの小屋
Boat roofed shed

ウェールズ西部、マハアンスレスの丘に建てられた羊飼いの小屋。牧場主のホランド氏は昔の漁師の家にならい廃船を屋根にした。ギャリソン・キャップ（舟形帽）をちょっと斜めにかぶったようでチャーミングだ。1900年代に作られた沿岸漁船の最大幅は4m30cm、深さは2m14cm。舷側の板を重ね張りしているのは、バイキングの造船法の名残りだろう。この丘に上がった愛らしい舟が、2013年小屋大賞の栄冠に輝いた。

まず古い電信柱を4本使って小屋の柱を立てた。そして両サイドに1940年代のトレーラーのアルミ枠の窓と、200年前の農家の窓ガラスをはめ込んで壁面をこしらえた。残りの壁は粘土と藁の塗り壁、古い煉瓦とトタンで塞いでいる。

さらに暖をとるためストーブを取り付け、船尾にはソーラーパネルを装着。照明と最低限の電力が使えるようになり、羊を眺めながら料理も作れる。舟が流されないように、錨で留めてある。

★ **Shed of the year**
2014年 イギリス小屋大賞

野菜のアトリエ
Vegetarian Studio

ロンドン北部、トッテナムの街なかに小屋だか畑だか分からないアトリエがある。画家ジョエル・バード氏は、「どっちでもいいんじゃない？」と笑って応じ、「それを確かめたくて小屋大賞にエントリーしたのさ」という。屋上はジャガイモ、ズッキーニ、タマネギ、ニンジン、イチゴ、アスパラガス、トマトなど……野菜の楽園。

下のアトリエにこもっているより、上の畑で野菜のアートを創作している方が長そうだ。一番の楽しみは、「畑仕事のあとで、野菜に囲まれてバスタブに浸かること」だとか。アーティストだか農夫だか分からない 2014 年の愉快なチャンピオンだ。

崖吊り荘
Cliff House
オーストラリア、メルボルン近郊

4階リビング

メルボルン近郊にこんな岩壁にへばりつく家が……。プレファブ組み立て方式を得意とする地元のモッズケープ社が設計した休日用の別荘だ。「Cliff House」といえば崖っぷちの家をいうが、これは崖にしがみつく蝉のようだ。船底にへばりつくフジツボから連想したというが、宙に浮いたこの家は岩盤に打ち込んだ鋼鉄の支柱でがっちり固定されている。

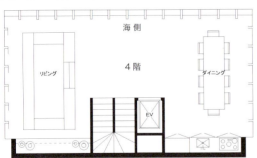

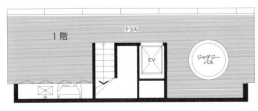

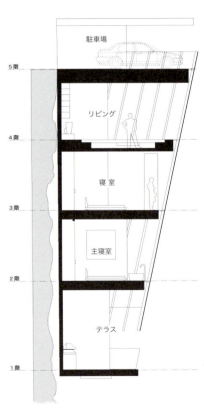

5階の駐車場（2台収容）から降り、4階はリビング＆ダイニング。3階は寝室、2階はバスルーム、1階はジャグジーを設けたテラス。どの階も窓の格子を少なくして景色を優先、家具も最低限に

ビール缶の家
Beer Can House
オーストラリア・ニューサウスウェールズ州

オーストラリア東部の鉱山の町ライトニングリッジは、最高級のブラック・オパールの産地として有名だが、こんな手の込んだ「空き缶ハウス」も名物になりつつある。時計に針はなく、「BEER O'CLOCK」と書いてある。「いつでもビール時間」ということだろう。

この鉱山町で長く暮らしてきたアーサーさん、引退後はビールなしでは生きられないビール党に。そしてある日、山と積まれた空き缶を眺めているうちに、「ただ飲んでいるだけじゃ能がない……」と思いたつ。缶と粘土で壁を積み上げ、カラフルな酒壜でステンドグラスの窓をこしらえた。「ほら、オパールみたいに輝いてきれいだろ？」と棟梁は得意げだ（2016年）。

オーナーはこの家を貸家にして、また次のビールハウスを作るために日夜、缶と壜を溜めている

スライディング・ハウス
Sliding House

イギリス、サフォーク州

新建築グランド・デザイン賞（2009年度）を受賞した"滑らす家"である。総ガラス張りのパティオ内にリビング、キッチン、バスルームなど居住空間をすべて収め、ひと回り大きい「屋根＆外壁」がレールの上をスライドしてぜんぶ覆ってしまう。テラスまで庇が延びるので、日差しが強い時はパラソルとなり、雨の日は傘となる。

建築家ラッセルとアレックスはこの設計に1年を費やした。とくに重量22トンもの「屋根＆外壁」の仕掛けとデザインに苦心したという。電動操作でレール上を滑らせるが、止める位置によって窓の表情も室内の明るさも変わってくる。冬期はすっぽり"外套"をかぶるが、スライドの始動〜完了に要する時間は6分である。

こちら側の地面は盛り土をして床と同じ高さにしている

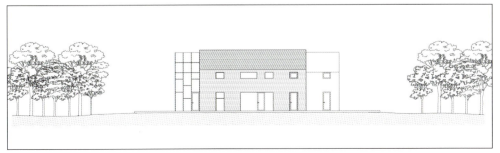

「屋根 & 外壁」をスライドさせている途中の図

滑り台の家
Sliding Wall
イギリス、ケント州

ドーバー海峡に面したマーゲイトは英国の著名な風景画家ターナーの愛した町だが、古い通りに、壁全体が庭に滑り落ち、3階建ての最上階がむき出しになった家……。災害か？ と思いきや、この壁と窓と玄関がずり落ちた家は、アーティストのユーモアあふれるパブリックアート作品で、町の観光スポットとなっている。

ソーラーハウス
The Heliodome
フランス、アルザス地方

ドイツとの国境、ライン川西岸のストラスブールの郊外に「ヘリオドーム」と呼ばれる巨大なソーラーハウスがある。UFOが不時着したような建造物に、「妙なものが出現したぞ！」と住民は騒ぎ立てた。

制作者はキャビネットのデザイナーであるエリック・ワッサー氏。斜めに傾いだ巨大な円盤は、日時計のように太陽の動きに合わせた角度で設計されている。南面は総ガラス張りで、上階へは螺旋階段でつながっている。

興味を抱いて訪れる見学者は後を絶たない。ワッサー氏みずからがガイドしている──「あの円形の小口（縁）にはソーラーパネルが張られています。それが太陽の軌道に合わせて変化しつつ、日の出から日没までの太陽エネルギーを利用しながら、快適な生活を生み出す家です……」。

逆立ちハウス
Upside Down House

北アフリカ、モロッコのアーティスト、ジャン・F・フルト氏がフランスの祖父母が住んでいた19世紀の伝統的な家を偲んで復元した。なぜ逆さまにしたのか？と聞かれると、「フランスから地中海を越えて飛んできたんだ」と答えているとか。

ウィーンのルートヴィヒ近代美術館は現代アートの殿堂。その屋上にオーストリアの著名な造形作家アーウィン・ワームが『ハウス・アタック』を展示した（2006年）。日常の象徴である家を近代建築にぶつけるという意匠が話題を呼んだ。

ボルダリング・ハウス
Bouldering Bed
ブラジル、リオ・デ・ジャネイロ

リオのダウンタウンにあるギャラリーの外壁に、ベッドやソファ、家具が張り付けてある……。よく見れば、カラフルな壁にはフリークライミング用のホールドが打たれ、よじ登って入る「垂直の家」なのである。

壁を登攀して休んでいるのはアーティストのプリモ兄弟。二人は「日常生活をいかに楽しむか?」をテーマに、壁に接着したベッドに寝そべったり、ソファに座ってくつろいだり……。繁華街を行き交う人の注目を浴びながら、当初は宙に浮くリビングで1日14時間を過ごした。眠くなると、「寝るんじゃないぞ!」と声をかけあったが、しばしば鼾をかく実演も見せたようだ(2009年)。

壁絵の家
Painted Decor
ポーランド、ザリピエ村

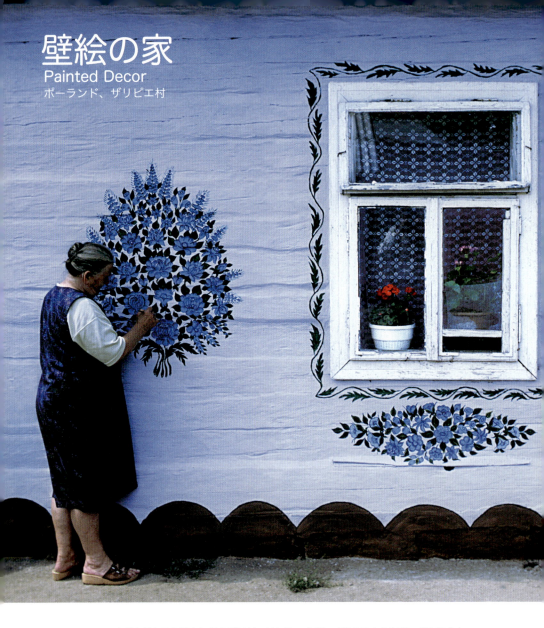

古都クラクフの東方にあるザリピエ村には、まさに「絵本のような家」が立ち並んでいる。この小さな村には面白い風習があり、たいていの民家の壁にザリピエ模様と呼ばれる可憐な花柄が描かれている。しかもその伝統的な花の絵は女性の手によって描かれる。1930年頃にこの村に住んでいた著名な女性陶芸家フェリツィア・ツリウォによる絵付けの花模様を継承しているのだ。1948年から毎年ペイント・コンテストが催され、上の絵を描いているお婆ちゃんはチャンピオンの一人である。

ダルメシアン邸
Dalmatian House
イギリス、イングランド

近所の人が散歩させているのはジャック・ラッセル・テリア。200年前の大英帝国時代、愛犬家のジャック・ラッセル牧師が品種改良して作ったキツネ狩り用の小型犬である

愛犬家の家とは、こうなるのであろうか？「dog-lover（愛犬家）」という言葉はイギリスで生まれたようで、「子供が生まれたら犬を飼いなさい」という諺もある。赤ちゃんの時は子守りをし、幼年期には遊び相手として、少年期には良き理解者になり、そして青年期には死をもって命の尊さを教えてくれると。イギリス王室は代々愛犬家の家系でもある。電車に大型犬を連れて乗る紳士もいるくらいだから、壁を黒い斑点で彩る人がいてもおかしくない……。

ダルメシアンはディズニーのアニメ映画『101匹わんちゃん』（1961年）の大ヒットで世界的に人気の犬種となった

走る家
Running House
アメリカ、カリフォルニア

2000年頃からアメリカで始まったタイニーハウス(小さな家)のブームにのって、カリフォルニア州を拠点にするタンブルウィード社は車輪付きの可愛い小型モバイルハウス「Weebee House」を売り出した。その後、2014年に制作された「サイプレス24号」はゆったりした大きな作りで、キッチン＆リビング、ロフトも拡大して「旅する家」へと進化した。

ロフトはベッドルームとして3人が寝られるほどの広さ

タイニーハウスは小さな居住空間で簡素なライフスタイルを志向することから始まった。このくらいのキッチン＆リビングであれば、充分くつろげそうだ

コロラド州のハイウェイをゆく「旅する家」。6つのタイアをはいて揺れの少ない乗り心地に

歩く家
Walking hut
中国、柳州市

中国南部、柳州市の道路を"自宅"を担いで歩くリンシャオさん（2013年、38歳）。「カタツムリ男」と呼ばれ、住所不定だがホームレスではない。5年前、彼は香港北方の深圳(シンセン)で働いていたが、仕事を辞めて故郷・融安(ユウアン)へ帰ることにした。しかも歩いてである。その長い旅には「家」が必要だった……。

リンシャオさんは竹で家の骨組みを作り、ビニールのシーツで包むと、ロープで縛った。こうして高さ2m、幅1.5m、重さ約50kgの「携帯ハウス」が出来あがった。ちゃんと屋根の庇(ひさし)も付いている。これをすっぽりかぶり、帰郷の途についたのだ。道中、廃品回収をしながら1日平均20kmを歩いたという。

カタツムリの殻を担いで1000kmを歩く旅は数か月を要した。拾った家財道具がだんだん増えて重くなり、ハウスと一緒に運べなくなった。そこで家財道具を先行させ、引き返してハウスを運び、また家財道具を先行させることに……。つまり100m進むのに、300m歩かなければならなかった。そんな反復運動をくり返すうち、無駄な道具を処分し、故郷が近づくにつれ身軽になっていった。

故郷まであと30kmの地点にたどり着き、食事の仕度に取りかかる。市場などで食料を調達し、ときに托鉢僧のような恵みを受けながら長い旅をつづけた。そして、あと二日で帰郷……「歩く家」は完歩した。

山のような家財道具を担いで。その後、日用品は最小限にとどめたが、「いい物」を見つけると、つい拾ってしまう……

2014年、故郷に錦を飾った39歳の「カタツムリ男」は一躍脚光を浴び、海外のマスコミからも取材される有名人となった。そして、新築の携帯ハウスは、色とりどりのビニール製の造花で飾られ、改良して天井を低くしたので安定度が増して担ぎやすくなった。

取材は苦手らしく、殻の中にとじ籠もってしまう

「新築」はデザインも変わり、ややコンパクトになって歩きやすそうだ

あとがき

　このたび登場した家々を振り返ってみると、多くの住宅にミニマム（最小限）な生活への回帰願望のようなものが感じ取れます。いかにゴージャスな家に憧れようとも、人間の本能として可愛い巣のような家の心地良さや、自然に抱かれて暮らすことの安心感を忘れていないからでしょう。

　船のように水辺に浮かぶ「カモメの卵」や、車で移動できる「走る家」、形を変えられる「スライディング・ハウス」や「からくり部屋」など、いわゆる"動かせる家"も見受けられます。特定の場所に居る必然性がなくなり、ノマド（遊牧民）のように軽やかに移動しながら生きたいという新しい一つの夢の形でしょう。

　また、大自然のなかにぽつんと建つ「島の一軒家」や、都会のビルの隙間に潜り込んだ「世界最狭の家」のようなタイニーハウスも依然人気があり、パラサイト（寄生）しながら自由に生きたいと願う声が聞こえてきます。

　なかには、独自のフォルムや素材、色を駆使して作りあげたツイート（つぶやき）タイプの建築も見られ、自らの想いを愉しげに主張した家もあれば、ちょっぴり孤独感の漂う剽軽者も混在しています。それらが、いまインターネット上で展開されている仮想空間と不思議と重なるのも興味深い現象です。

　最近は、家以外の建築空間、例えばオフィスやホテル、学校なども「家」をコンセプトとして計画するケースが少なくありません。「暮らすように働き、泊り、勉強したい」というような欲求は、家を人生の中心に据えたいという本能に根ざしているのでしょう。

　また、幾つかの持ち家を行き来して生活するというのは、「旅するように暮らしたい」という憧れのライフスタイルの始まりですが、今ではグランピングやモバイルハウスなどにしっかりと受け継がれています。

　日常ではなく非日常でもない、いわば「半日常」とでもいうような空間こそが、現代人が求めている新たな人生の舞台なのかもしれません。そして、時代を映す暮らしの舞台は、家という形にこだわらず、これからも変容しつづけるでしょう。

　その兆候が、このたび多大な協力を頂いたフランス・ボルドーを拠点に活躍しているアート集団「ゼブラ3（ZEBRA3）」の作品に見られます。建築家＋アーティストの混成チームから生まれた「フクロウ荘」や「雲の家」など、大胆な発想と奇抜なデザインは今後も注目です。そして、隈 研吾さんが長く温めておられたモバイルハウスが、「住箱」という形になってお目見えしたのも嬉しい限りです。

　最後に、「可笑しな家」シリーズの生みの親にして育ての親である可笑しな編集者・浜崎氏に敬意を表し、心よりお礼を申し上げます。そして世界各地に潜んでいる愛すべき家たちのポートレートを丹念に発掘して頂いた(株)アフロの北見氏、篠塚さんの労力に深い感謝の意を表します。

建築家・黒崎 敏

イタリア、アルプス山麓のサウリス村にある「薪の家」……実は、民家の軒下に積まれた薪の中に、村の木工職人が建てた高さ40cmの工芸品

■写真提供

Roger-Viollet/アフロ（P6-7）
Alamy/アフロ（P4、P8、P11、P14、P15、P26、P32-33、P34、P38-39、P42、P43、P46、P47、P52-53、P54-55、P56、P57、P58、P59、P62、P63、P68-69、P69、P71、P72-73、P116-117、P118、P119、P122、P123、P133、P134-135）
HEMIS/アフロ（P2、P9、P16-17、P18上、P60-61、P132、P133）
Dinodia Photo/アフロ（P10）
imagebroker/アフロ（P12-13）
Kasumi Tachibana（P18下、P19）
Artur Images/アフロ（P20-21、P22、P23、P24、P25、P36、P37）
AP/アフロ（P27、P106、P130）
The New York Times/アフロ（P27、P29）
ロイター/アフロ（P30、P31、P44、P44-45、P46、P50、P64、P65、P66、P67、P107、P124、P125、P128-129、P130、P131、P136、P137、P138-139、P139）
imago/アフロ（P35）
アフロ（P40、P40-41、P41）
ZUMA Press/アフロ（P43）

Shutterstock/アフロ（P48-49、P74、P75、P76、P77、P108、P109、P112、P113、P120、P121）
Press Association/アフロ（P56、P59）
Newscom/アフロ（P70）
SIME/アフロ（P78-79、P143）
Candice Petrillo/Zebra3（P1、P80、P81、P82、P83、P84、P85）
Yvan Detraz/Bruit du frigo（P86、P87、P88、P89）
Lou Andrea Lassalle（P90-91、P92、P93）
Barcroft Media/アフロ（P98-99、P100、P101、P102、P103）
AGE FOTOSTOCK/アフロ（P104、P105）
Solent News/アフロ（P110、P111）
Caters News/アフロ（P114、P115）
Arcaid Images/アフロ（P126）
Ardea/アフロ（P135）
Imaginechina/アフロ（P140、P141）

●図版
Shin Koshimitsu（P28、P57、P100-P101、P114、P121）

二見書房の本

可笑しな家
世界中の奇妙な家・ふしぎな家60軒
黒崎敏＆ビーチテラス 編著

夢の棲み家
おもしろ建築ものがたり
日本の名作14軒 海外の傑作28軒
黒崎敏＆ビーチテラス 編著

小さな家、可愛い家
世界の一流建築家による
傑作タイニー・ハウス34軒
ミミ・ザイガー 著／黒崎 敏 訳

新 可笑しな家

編著　黒崎 敏（くろさき さとし）
　　　ビーチテラス

発行所　株式会社 二見書房
　　　　東京都千代田区三崎町2-18-11
　　　　電話 03(3515)2311 営業
　　　　　　 03(3515)2313 編集
　　　　振替 00170-4-2639

印刷・製本　株式会社 堀内印刷所

落丁・乱丁本はお取り替えいたします。定価は、カバーに表示してあります。

©Futami Shobo 2017, Printed in Japan.
ISBN978-4-576-17115-9
http://www.futami.co.jp